Esta es nuestra Iglesia

Una guía para niños

James A. Comiskey

Ilustrado por
James Powers

Traducido por
Franciscan Sisters Mission Community
Lubbock, Texas

Editado
Elizabeth Karras

THE LITURGICAL PRESS
Collegeville, Minnesota

www.litpress.org

Diseño de la cubierta por James Powers.

1 2 3 4 5 6 7 8

Library of Congress Cataloging-in-Publication Data

Comiskey, James A., 1921–
[This is our church. Spanish]
Esta es nuestra iglesia : una guía para niños / James A. Comiskey ; ilustrado por James Powers ; traducido por Franciscan Sister Mission Community, Lubbock, Texas ; corregido por Elizabeth Karras.
p. cm.
Summary: Explains through words and pictures the different parts of a Catholic Church, such as the altar, ambo, music center, and confessional.
ISBN 0-8146-2888-5 (alk. paper)
1. Catholic Church buildings—Juvenile literature. 2. Catholic Church—Liturgical objects—Juvenile literature. [1. Catholic Church.] I. Power, James, ill. II. Title.

BX1970.3 .C6618 2003
246'.9582—dc21

2002072978

Indice

Querido Lector,

Una de las más grandes aventuras en la vida es la continua aventura de aprender.

La aventura de nuestra relación con Dios es una parte excepcional de proceso total de nuestros conocimientos. El aprender acerca de Dios y de las cosas de Dios es una inagotable búsqueda y comienza muy sencillamente.

Para la mayoría de nosotros, nuestros padres nos hablan de Dios desde pequeños, y queremos aprender más.

Emprendí un paso especial en la aventura de aprender de Dios cuando comenzamos el proyecto de reconstrucción en nuestra iglesia. Los niños mostraban igual interés que los adultos en la construcción. Tenían preguntas y comentarios que hacer.

Esta es nuestra Iglesia comenzó como respuesta a los niños. Los niños represetados en este libro existen realmente. En cada familia había un hermano y una hermana. Ellos se explicaban el significado de iglesia el uno al otro. Cuando participaba en sus conversaciones, descubrí que había muchos niños y niñas que tenían preguntas.

Ellos no estaban seguros de lo que hacemos los católicos y por qué lo hacemos cuando nos reunimos. Los niños querían saber los nombres correctos de ciertos lugares. Querían saber el porqué de ciertos actos que se realizan en momentos específicos. El lugar y la gente llamados "Iglesia" eran importantes, y ellos querían sentirse en casa en estos lugares y con estas personas.

Esta es nuestra Iglesia es para todo niño / a que tenga curiosidad acerca de la Iglesia, de los lugares dentro del edificio de la iglesia, y de las acciones que hacemos juntos. Todos queremos saber las palabras correctas de lo que vemos. Queremos expresar de manera exacta lo que se lleva a cabo.

Espero que *Esta es nuestra Iglesia* llegue a formar parte de tu aventura de aprender más de Dios, de nuestro lugar de culto, y de las acciones de este culto.

Monseñor Comiskey

Nuestra iglesia

Tim: ¡Es domingo!

Margie: Y es hora de ir a celebrar la misa en nuestra iglesia.

Tim: Papá dijo que desde el tiempo de Jesús los cristianos van a la iglesia.

Margie: ¿Tenían edificios como los nuestros?

Tim: No. Los primeros cristianos se reunían en sus propias casas.

Margie: ¿Es así como iban a la iglesia?

Tim: Sí, cuando se reúne la gente y alaba a Dios, ésa es la verdadera Iglesia.

Margie: Pero también este edificio se llama iglesia, ¿no es así?

Tim: Sí, lo es. El edificio donde la gente se reúne se llama "iglesia."

Margie: A mí me gusta reunirme con otra gente en honor de Dios.

Las puertas

Nicole: Las puertas de nuestra iglesia son grandes. ¿Puedes abrirlas?

Daniel: Claro que puedo abrirlas. No sólo son grandes, sino también muy especiales.

Nicole: ¿Por qué son especiales? Nosotros tenemos puertas en nuestra casa. ¿Son diferentes estas puertas?

Daniel: La semana pasada en nuestra escuela dominical la maestra nos contó una historia en la cual Jesús dice, "Yo soy la puerta."

Nicole: ¿Jesús es una puerta?

Daniel: Jesús es como una puerta. Una puerta se abre y te deja entrar. Jesús nos abre el camino para ir al Padre.

Nicole: ¿Es eso lo que hace esta puerta?

Daniel: Esta puerta nos invita a entrar en el edificio, que sirve de casa para la Iglesia.

Nicole: ¿Para la Iglesia?

Daniel: Nosotros somos la Iglesia.

Nicole: ¿Yo también?

Daniel: Todos nosotros, toda la gente, también tú.

El atrio

Adriana: ¡Qué cuarto tan grande!

Pío: Mamá dice que se llama "atrio." Es el espacio para darnos la bienvenida unos a otros y para reunirnos.

Adriana: ¿Como nuestro cuarto familiar en casa?

Pío: Sí, algo así. Aquí podemos saludar a los amigos. También podemos hablar con aquellas personas de nuestra iglesia que no hemos visto desde el domingo anterior.

Adriana: También es un lugar en el cual podemos prepararnos para hablar con Dios y estar con Él de una manera especial.

Pío: Es verdad, pero recuerda que aquí es donde acogemos a toda persona que venga a nuestra iglesia para que se sienta en casa.

Adriana: No celebramos la misa aquí, ¿verdad?

Pío: No, nos reunimos y hablamos antes y después de la misa. Este es un lugar intermedio.

Adriana: He oído hablar a los adultos llamar a este sitio "el nártex."

Pío: Este es un lugar importante. Papá dijo que es casi tan importante como el lugar donde ofrecemos nuestro culto.

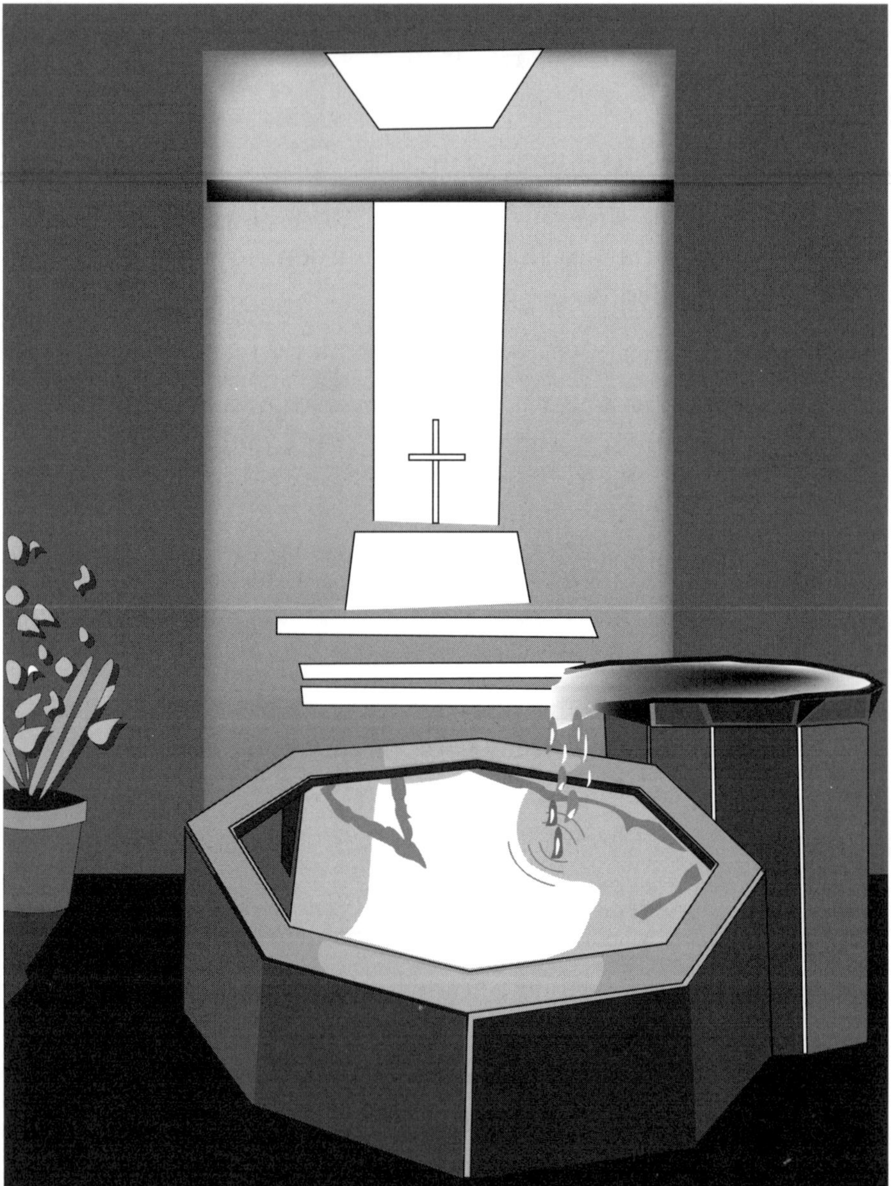

La fuente bautismal

Nicole: Mojamos los dedos en el agua y hacemos la señal de la cruz cuando pasamos junto a la fuente de bautismo.

Daniel: Cuando fuimos bautizados, nos echaron agua sobre la cabeza. Fuimos bautizados en el nombre del Padre y del Hijo y del Espíritu Santo.

Nicole: Cada vez que pasamos junto al agua nos santiguamos de nuevo. Nos recuerda nuestro bautismo.

Daniel: Esto parece una pequeña piscina, ¿no?

Nicole: Cuando los adultos son bautizados, se meten dentro de la fuente bautismal. Se les derrama agua por encima de la cabeza, que luego cae por el resto del cuerpo.

Daniel: La maestra nos dijo que se bautizaban de esta forma en los primeros tiempos de la Iglesia.

Nicole: ¿Pueden los niños ser sumergidos en el agua?

Daniel: La parte de arriba de la fuente bautismal es para eso.

Nicole: Mamá me dijo que el bautismo me hizo hija de Dios de una forma especial. Ella quiere que jamás me olvide de eso.

Daniel: El persignarnos con agua nos ayuda a recordarlo.

El lugar de culto

Margie: Éste es el lugar más especial de nuestra iglesia, ¿no es cierto?

Tim: Sí. Éste es el lugar de culto. Es donde celebramos la misa con nuestra familia parroquial.

Margie: ¿Recuerdas que el Padre Jaime nos dijo que el sitio alrededor del altar se llama "presbiterio"?

Tim: Y el resto del espacio se llama "el lugar para la asambléa."

Margie: Éste es el lugar donde la gente se reúne.

Tim: Por eso, el padre a veces nos llama "la asamblea."

Margie: ¿Quiere el padre que nosotros celebremos la misa con él?

Tim: El padre quiere que tú, yo y todos los presentes nos unamos a la ofrenda que hace Jesús a nuestro Dios en el cielo.

Margie: Sí. Cada domingo nos reunimos con el sacerdote para alabar a Dios.

Tim: Escuchamos la palabra de Dios en la Sagrada Escritura y alabamos a Dios porque nos da el regalo del Cuerpo y la Sangre de Jesucristo.

Margie: Celebramos la misa no solamente los domingos sino también en otros días especiales, ¿verdad?

Tim: Los tiempos de Adviento, Navidad y Cuaresma son tiempos de celebración dominical y de entre semana especiales.

Margie: Pues, sí. Y no te olvides de los días especiales de Semana Santa, Pascua y la venida del Espíritu Santo en Pentecostés. A algunas personas les gusta asistir a misa todos los días.

Tim: El ofrecer alabanzas a Dios con toda nuestra parroquia hace que incluso el tiempo llamado ordinario sea muy especial.

Margie: Aquí también celebramos otros sacramentos. ¿Te acuerdas cuando tía Catalina y tío Eugenio se casaron aquí?

Tim: Sí. Se casaron en la misa un sábado por la tarde en presencia de toda nuestra parroquia.

Margie: Cuando se murió nuestra vecina, la señora Luna, vinimos aquí y rezamos cuando trasladaron su cuerpo a la iglesia.

Tim: Algunos domingos, después de la misa, hay gente que celebra aquí la unción de los enfermos.

Margie: Y todas estas celebraciones se realizan en esta parte de nuestra iglesia.

El altar

Adriana: Yo le dije a mamá que nuestro altar me parecía una mesa. ¿Sabes qué me dijo?

Pío: Creo que sí.

Adriana: Me dijo que el altar en nuestra iglesia es la mesa de nuestra familia eclesial.

Pío: Somos cuatro cuando cenamos en casa. En días especiales, nos visita más familia y entonces la mesa es para todos.

Adriana: Después de hacer mi Primera Comunión, también yo podré recibir de el copón y el cáliz.

Pío: Nuestro altar es muy especial. Papá dijo que en el altar no debe haber más que el cáliz, el copón y el libro.

Adriana: El pan es diferente al pan ordinario, ¿no es así?

Pío: Este pan se convierte en el Cuerpo de Cristo. El vino en el cáliz se convierte en la Sangre de Cristo.

Adriana: ¿Cómo es esto? Todavía me parecen pan y vino.

Pío: Todavía tienen aspecto de pan y vino. La oración de la Iglesia y nuestra fe nos dicen que es el Cuerpo y la Sangre de Cristo.

La sede del presbítero

Tim: Hay una sede cerca del altar.

Margie: Sí, es la sede donde se sienta el Padre Jaime.

Tim: El Padre Jaime preside la celebración desde la sede cuando no está en el altar.

Margie: Recita ciertas oraciones especiales de pie delante de la sede, ¿no es cierto?

Tim: Mamá me dijo que aquellas oraciones son especiales en cada misa.

Margie: Fui una vez con mis compañeros de clase a visitar el edificio municipal. Nos permitieron escuchar a unas personas que tenían reunión. Llamaron al hombre que dirigía la reunión "La sede." ¡Lo encontramos chistoso!

Tim: Eso sí que suena raro.

Margie: La maestra nos explicó que el señor que dirigía la reunión estaba sentado enfrente y en el centro. Su posición demostraba que él era la persona que dirigía la reunión.

Tim: Sí, es nuestro sacerdote el que nos guía en el culto. No es el mueble en donde está sentado el que nos enseña, predica y dirige.

Margie: El puesto de la sede, ordinariamente de cara al pueblo al fondo del presbiterio, nos dice algo. Nos dice que lo que sucede desde la sede es importante para nuestro culto.

El ambón

Nicole: Es ahí donde se sitúa la gente para leer, ¿no?

Daniel: Sí, es un lugar especial porque es desde donde oímos la palabra viva de Dios.

Nicole: ¿No nos dijo papá que tiene un nombre especial?

Daniel: En nuestra iglesia lo llamamos el ambón. A veces se llama el púlpito.

Nicole: Cuando yo sea mayor, quiero leer desde ahí los domingos.

Daniel: Espero que así lo hagas. Pero tendrás que estudiar. Los hombres y mujeres de nuestra Iglesia parroquial se preparan cada semana para poder leer la palabra de Dios para todos nosotros.

Nicole: El Padre Jaime y el Diácono Rándi también lo hacen.

Daniel: Sí, ellos tratan de ayudarnos a entender mejor las palabras de Jesús.

Nicole: A mí me gusta cuando cuentan historias que los niños pueden entender.

Daniel: La palabra de Dios es para todos nosotros. Me imagino que también los adultos podrán entender las historias de los niños.

El lugar para los músicos

Adriana: Me gusta cuando cantamos en la iglesia.

Pío: Me gusta más cuando nos acompañan el órgano, el piano o las guitarras.

Adriana: La noche en que nació Jesús cantaron unos ángeles.

Pío: Me pregunto si los domingos cantamos tan bien como aquellos ángeles.

Adriana: No sé, pero apuesto que a Jesús le gusta mucho.

Pío: ¿Tú crees que Jesús cantaba?

Adriana: Jesús cantaba con los apóstoles cuando comían juntos.

Pío: Claro que sí. En la última cena Jesús y los apóstoles cantaron juntos.

Adriana: ¿Qué clase de canción crees que cantaron?

Pío: Tú sabes que los domingos el cantor entona un salmo y luego unimos nuestras voces a la suya. La maestra nos dijo que así cantaban juntos Jesús y los apóstoles.

Adriana: ¿Recuerdas que un domingo nadie vino a tocar el órgano ni la guitarra en la misa?

Pío: Sí, pero cantamos de todos modos, igual que cómo hacemos cuando viajamos en el coche con mamá y papá.

Adriana: Antes de que pudiera leer, aprendí el "Santo, Santo" y el "Cordero de Dios" de memoria.

Pío: A veces cuando leemos las palabras de un canto nuevo, las palabras son como una oración.

Adriana: Por supuesto. Estoy segura de que por eso cantamos en la iglesia. Usamos nuestras voces para cantar las oraciones.

Pío: Cuando el obispo vino para celebrar la misa el año pasado, nuestra clase tocó las flautitas.

Adriana: Y yo pude tocar en el coro de campanas.

Pío: Hay tantas maneras diferentes y maravillosas de alabar a Dios.

El lugar de los óleos sagrados

Tim: La vitrina que hay en la pared de la iglesia es muy bonita.

Margie: Esas botellas del la vitrina son especiales, ¿verdad?

Tim: El padre contó a nuestra clase que se llama "vitrina."

Margie: Esta es una palabra nueva.

Tim: Las botellas de la vitrina están llenas de un aceite especial que ha sido bendecido.

Margie: Contienen los óleos sagrados usados durante el año en los diferentes servicios de la Iglesia.

Tim: Cada una de las tres botellas está marcada con unas letras diferentes.

Margie: ¿Te acuerdas del año pasado cuando fuimos a la catedral? El obispo bendijo los óleos.

Tim: Mucha gente de toda la diócesis estaba ahí.

Margie: Unas personas del hospital llevaban el óleo marcado "OI." Éste es el óleo usado para ungir a los enfermos. OI se refiere a las palabras en latín que significan el óleo de los enfermos.

Tim: Algunas personas que se estaban preparando para unirse a la Iglesia durante la Pascua llevaban el óleo marcado "OC," el óleo de los catecúmenos.

ÓLEOS SAGRADOS
OI
OC
SC

Margie: Este óleo se usa para bendecir a los catecúmenos, las personas que se preparan para ser bautizadas.

Tim: Todos nosotros fuimos ungidos con un óleo [OC] inmediatamente antes de nuestro bautismo. El obispo también unge con un óleo [SC] a las personas que reciben el sacramento de confirmación.

Margie: Quizás algún día veamos una ceremonia de dedicación de una nueva iglesia o un nuevo altar, o la ordenación de un sacerdote u obispo.

Tim: Es cierto. Ellos usan el óleo marcado "SC," sagrado crisma. Se usa en todas estas ocasiones especiales.

Margie: Me gusta la historia del Antiguo Testamento cuando David fue ungido para ser rey.

Tim: Dios lo escogió aunque era el más joven, y el profeta ungió su cabeza con aceite.

Margie: La última vez que fuimos a una misa en que se bautizó a un bebé fue para el bautismo de nuestra primita.

Tim: Sí, el padre le ungió la coronilla de la cabecita con óleo y dijo que Jesús fue ungido sacerdote, profeta y rey.

Margie: Y que todos somos llamados a participar en todo lo que es Jesús.

El Vía Crucis

Adriana: ¿Recuerdas que durante la Cuaresma vinimos a la iglesia de noche para el Vía Crucis?

Pío: Caminamos alrededor de la iglesia y rezamos en cada estación.

Adriana: Los folletos del Vía Crucis contenían ilustraciones de las últimas horas de la vida de Jesús.

Pío: Y rezamos las oraciones y cantamos los cantos.

Adriana: ¿Recuerdas algunas de las personas que estaban con Jesús en sus últimas horas?

Pío: Recuerdo a María, la madre de Jesús, y a una mujer llamada Verónica.

Adriana: Estaba Pilato, que consintió que Jesús muriera, y Simón, quien ayudó a Jesús a llevar la cruz.

Pío: Había un hombre llamado Juan. Jesús le dijo a Juan que cuidara a su madre.

Adriana: Le hicieron cosas malas a Jesús.

Pío: Entonces Jesús murió. Pero lo hizo todo porque nos ama.

Adriana: Jesús no permaneció muerto.

Pío: Lo sé. Dios lo resucitó de entre los muertos. ¡Qué grandioso!

Los cuartos de reconciliación

Nicole: ¿Nos está permitido entrar en estos cuartos?

Daniel: Sí, porque no hay nadie ahorita. Se llaman "cuartos de reconciliación."

Nicole: ¿Qué quiere decir eso?

Daniel: Ya sabes, cuando tienes un disgusto con alguien y después haces las paces con esa persona, tú te "reconcilias."

Nicole: ¿Cómo se hace eso?

Daniel: Tú seriamente dices, "Discúlpame, que hice esto o aquello" o dices, "No hice esto o aquello cuando debería haberlo hecho."

Nicole: Claro, tú y Mamá y Papá celebraron la reconciliación el año pasado con los niños de tu clase.

Daniel: Cuando entras al cuarto, el Padre Jaime está ahí. Él representa a Jesús y a toda la Iglesia. Nos reconciliamos con Dios y unos con otros.

Nicole: ¿El Padre nos ayuda? ¿Nos da consejos?

Daniel: Sí, él actúa en el nombre de Jesús y de la Iglesia. Nos ayuda para que podamos reconciliarnos con Dios y con otros si es necesario.

Nicole: Y el Padre nos perdona tal como haría Jesús si estuviera aquí. ¿Verdad?

Daniel: ¡Y te vas de allí sintiéndote maravilloso!

Estatuas e imágenes

Tim: Ésta es una hermosa estatua.

Margie: Sí. Es una estatua de María, la madre de Jesús.

Daniel: Mamá nos dijo que un ángel se le apareció a María y le preguntó si quería ser la madre de Jesús.

Nicole: El ángel le dijo, "Dios te salve, María, llena eres de gracia; El Señor es contigo." Todavía rezamos estas palabras en honor de ella.

Adriana: Estatuas y cuadros como éstos nos ayudan a honrar y recordar a la gente especial y famosa.

Pío: ¿Te acuerdas que cuando fuimos de vacaciones vimos estatuas y cuadros de gente famosa en diferentes lugares?

Adriana: Y nosotros tenemos retratos de familiares y amigos en nuestra casa.

Margie: Tenemos estatuas y cuadros de ciertas personas en nuestra iglesia, como esta estatua de María.

Nicole: Sí. Las tenemos ahí porque honramos su memoria. No queremos olvidar que eran personas que amaban mucho a Dios.

Tim, Daniel y Pío (juntos):

¡Por Jesús y los santos! ¡Hurrah!

La sacristía

Margie: Venga, Tim. Vamos a ayudarle a Papá a prepararse para la misa.

Tim: Nos estará esperando. Éste es el cuarto donde guardan todas las cosas que usamos durante la misa.

Margie: ¿Voy a ayudar a preparar las cosas otra vez?

Tim: Por supuesto. Cuando Papá prepara las vasijas de pan para el altar, nos deja que las llevemos a la mesa en la iglesia.

Margie: Hay muchos armarios y cajones. Supongo que los necesitan para poder guardar el vino, las velas y los libros.

Tim: También es el cuarto donde guardan las vestiduras, la ropa especial que se usa para la misa.

Margie: ¿Como el Padre Jaime y el Diácono Rándi?

Tim: También los servidores del altar, llamados "los monaguillos."

Margie: Y también el coro guarda sus vestiduras en aquel armario, ¿verdad?

Tim: Y recuerda que en días especiales todos los sacerdotes que vienen se visten aquí.

Margie: Es por eso que los armarios y cajones están aquí. Éste es el lugar de preparación.

La capilla para la reserva de la Santísima Eucaristía

Adriana: Mamá dice que este cuarto es un lugar muy especial.

Pío: Es la capilla de reservación de nuestra iglesia.

Adriana: En el centro de la capilla hay un recipiente grande.

Pío: La maestra nos dijo que eso es el "tabernáculo."

Adriana: ¿Es verdad que Cristo está aquí?

Pío: Él está aquí en una forma especial.

Adriana: ¿Cómo? ¿Qué hay guardado dentro del tabernáculo?

Pío: Guardan todas las hostias que quedan después de la misa.

Adriana: ¿Por qué las guardan aquí?

Pío: Las guardan para que el Padre Jaime y el Diácono Rándi puedan llevar la Eucaristía a los enfermos cuando ellos quieren recibir la Sagrada Comunión.

Adriana: Hay muchos hombres y mujeres de nuestra iglesia que también hacen esto.

Pío: Ellos llevan la Comunión a los enfermos en los hospitales, residencias de ancianos y hogares.

Adriana: He visto que entran los fieles a rezar en esta capillita.

Pío: A la gente le gusta venir a orar aquí. Es un lugar con gran sentido de devoción.

Preguntas para estudiar

Nuestra iglesia

1. Cuando llegó el día, los padres del niño Jesús le llevaron al Templo en Jerusalén. ¿Por qué hicieron esto? (Lucas 2:22)

2. Cuando Jesús cumplió doce años, fue con sus padres al Templo. ¿Qué sucedió allí? (Lucas 2:41)

3. ¿A dónde vas a la misa los domingos?

Las puertas

1. ¿Cuántas puertas hay en tu casa?

2. ¿Para qué sirven las puertas?

3. Jesús se identifica con una puerta. En algunas traducciones se usa la palabra "portón" en vez de "puerta." (Juan 10:9) ¿Por qué se refiere Jesús a sí mismo como puerta o portón?

El atrio

1. Otra palabra que se usa para el lugar de reunión es "atrio." ¿Tiene tu iglesia un lugar de reunión?

2. ¿Para qué se usa el lugar de reunión?

3. Si tienes un lugar de reunión en casa, ¿qué haces allí?

La fuente bautismal

1. ¿Qué significa "ser bautizado"?

2. ¿Para qué se usa el agua?

3. ¿Qué nos dice el agua de lo que ocurre en la mente, el corazón o el alma de la persona que se está bautizando?

El lugar de culto

1. ¿Qué hacemos en el lugar de culto?

2. ¿Tenía la gente que habitaba la tierra hace miles de años lugares especiales de culto? ¿Cómo lo sabemos?

3. Para los católicos, el lugar de culto es donde nos reunimos para celebrar lo que llamamos la misa. ¿Cuál es nuestra parte en la misa?

El altar

1. ¿Tienes una mesa en tu casa? ¿Qué haces en la mesa?

2. Tenemos una mesa especial en el lugar de culto. ¿Cómo llamamos a esta mesa especial?

3. Cuando llegamos a cierta edad, ¿qué recibimos de la mesa?

La sede del presbítero

1. Hay una sede especial en el lugar de culto. ¿Para qué sirve?

2. Dí cuáles son las diferentes clases de sillas que hay en tu casa.

3. Durante la misa, ¿qué uso tiene la sede para el sacerdote?

El ambón

1. ¿Por cuál otro nombre llamamos al ambón?

2. ¿Por qué es importante el ambón?

3. ¿Prestas atención a la persona que habla desde el ambón o púlpito? Cuenta una historia que has oído contar desde el ambón o púlpito.

El lugar para los músicos

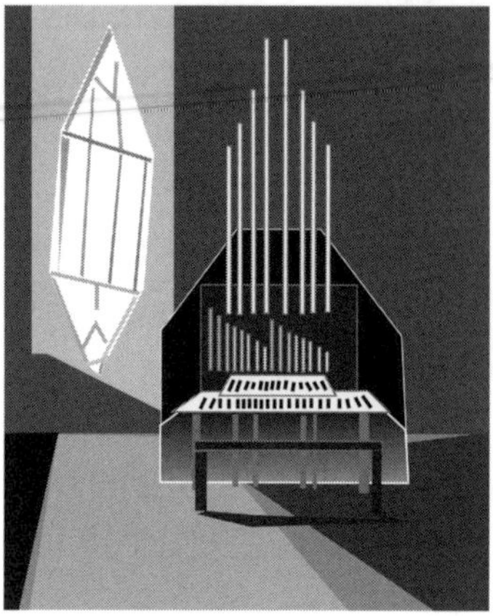

1. Nombra las personas que tocan instrumentos musicales en tu iglesia.

2. ¿Qué clase de instrumentos se usan para acompañar al coro en tu iglesia?

3. Los cantos de la iglesia son llamados himnos. ¿Cantas con el coro? ¿Debes cantar? ¿Por qué o por qué no?

El lugar de los óleos sagrados

1. ¿Por qué usa la gente aceite en el hogar?

2. ¿Durante cuales ceremonias se usan los óleos en tu iglesia?

3. ¿Has visto el lugar reservado para los óleos sagrados en una iglesia? ¿Dónde?

El Vía Crucis

1. Hay cuadros en la pared de casi todas las iglesias católicas llamados Estaciones de la Cruz o Vía Crucis. ¿Qué es el Vía Crucis?

2. ¿Cuántas escenas del Vía Crucis hay? ¿Cuáles son los nombres de algunas de las personas representadas en los cuadros del Vía Crucis?

3. En algunas iglesias católicas el Vía Crucis se compone de pinturas grandes o estatuas grandes. Describe a tus compañeros cómo es el Vía Crucis en tu iglesia o en otras iglesias que hayas visitado.

Los cuartos de reconciliación

1. ¿Qué significa la palabra "reconciliación"?

2. ¿Quién está en el cuarto de reconciliación cuando vas a ser reconciliado?

3. Comparte con tu grupo una historia de la Biblia en que se nos cuente alguna de las ocasiones en que Jesús perdonó a una persona.

Estatuas e imágenes

1. Casi todos tienen fotografías de miembros de la familia en sus hogares. Nombra algunas personas cuyos retratos están en tu hogar.

2. ¿Has visto alguna vez la estatua de una persona de renombre en la historia de nuestro país? ¿Dónde?

3. ¿Por qué tenemos estatuas y cuadros de ciertas personas en nuestra iglesia?

La sacristía

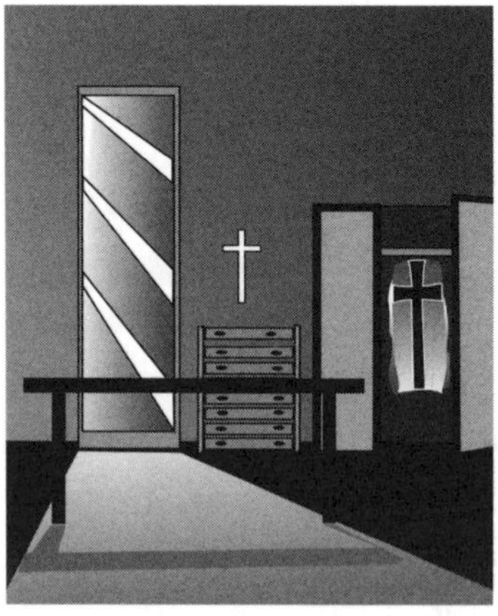

1. ¿Qué significa la palabra "sacristía"?

2. ¿Has estado en la sacristía de tu iglesia? ¿Recuerdas lo que se guarda allí?

3. ¿Quiénes son las personas que ayudan a preparar las cosas en tu iglesia?

La capilla para la reserva de la Santísima Eucaristía

1. En algunas iglesias católicas hay santuarios especiales llamados capilla de la Santísima Eucaristía. ¿Para qué sirven?

2. En la capilla de la Santísima Eucaristía hay un lugar o recipiente especial. ¿Cómo se llama ese lugar o recipiente?

3. ¿Qué se guarda en el tabernáculo?